Óscar y Arabella

Neal Layton

SerreS

Óscar era un **MAMUT LANUDO,**

igual que Arabella.

Comían muchas hojas y bayas,

a veces

DEMASIADAS.

Pintar era su gran pasión,

OSCAR
A EZTADO
AKÍ.

y quedarse hechos un ASCO.

Les gustaba explorar,

siempre que no
fueran sitios

OSCUROS.

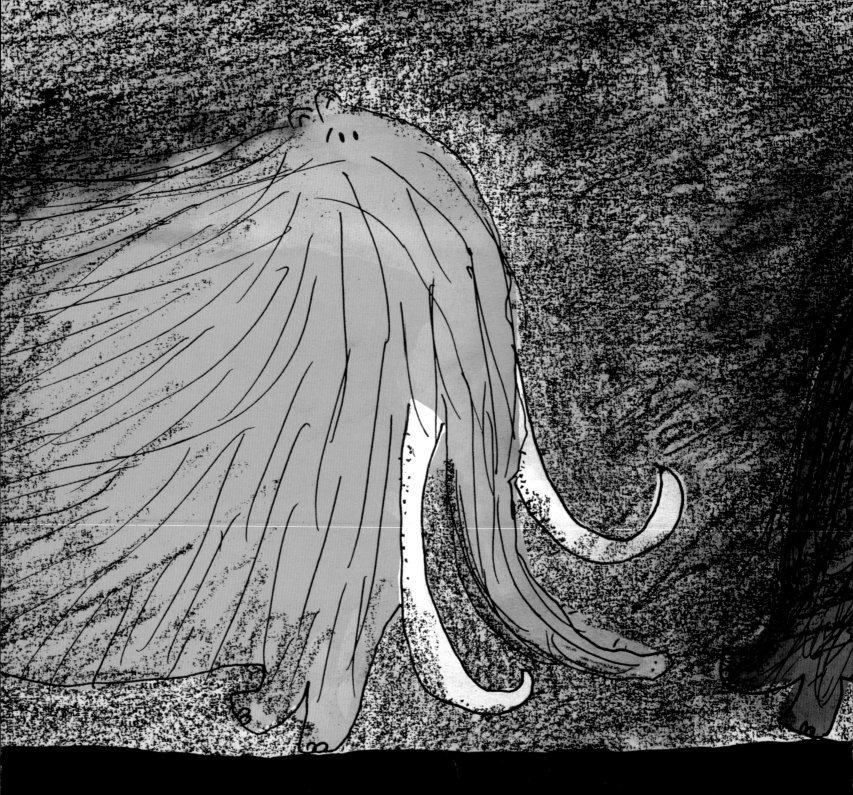

Les gustaban las aventuras,

...iempre y cuando no fueran TERRORÍFICAS.

Se hacían amigos de todo el mundo,

pero NUNCA del más **salvaje** y **peligroso** de los animales.

Adoraban hacer **DEPORTE** especialmente

cuando sus vidas estaban en JUEGO.

Patinar era uno de sus deportes favoritos

siempre que no se dieran un **TROMPAZO**.

Y trepar a la copa
de los árboles,

hasta donde las ramas

AGUANTARAN.

Usaban sus trompas
para beber
agua y **DIVERTIRSE**.

Les gustaba montar en trineo,

pero no muy ¡¡RÁAAPIDO!!

Y, al caer el sol,
les encantaba
sentarse junto
a la hoguera
y contarles
a sus amigos
todas
sus salvajes
aventuras,
pero no
hasta muy
tarde....